# 애기해녀학교

## 글·그림 김정희

제주에서 태어나 제주에서 시와 동시를 쓰고 있습니다. 2008년 《아동문예》 동시문학상을, 2014년 《시인정신》 시문학상을 받았습니다. 지은 책으로 동시집 《오줌폭탄》, 《고사리손 동시학교》, 시낭송 시집 《물고기 비늘을 세다》, 제주어 동시집 《할망네 우영팟듸 자파리》(2017 세종도서 문학나눔 선정도서), 제주어 동시 그림책 《청청 거러지라 둠비둠비 거러지라》(제3회 한국지역출판연대 천인독자상 공로상), 《폭낭알로 놀레온 곰새기》, 사진시집 《순간, 다음으로》가 있습니다. 문학놀이아트센터 대표이자 제주문인협회, 제주아동문학협회, 한국동시문학회, 한라산문학동인, 제주어보전회 회원입니다. 현재 고향인 함덕에서 동시 전문서점 '오줌폭탄'을 운영하고 있습니다.

hopekjh1022@naver.com

## 애기해녀학교

2019년 9월 20일 초판 1쇄 펴냄
2022년 9월 10일 초판 2쇄 펴냄

**글·그림** 김정희 **펴낸이** 김영훈 **편집인** 김지희 **디자인** 나무늘보, 이은아, 김지영
**펴낸곳** 한그루 **출판등록** 제6510000251002008000003호 **주소** 제주특별자치도 제주시 복지로1길 21
**전화** 064-723-7580 **전송** 064-753-7580 **전자우편** onetreebook@daum.net **누리방** onetreebook.com

ISBN 978-89-94474-88-5  77810

값 15,000원

**품명**: 도서 **제조자명**: 한그루 **제조국명**: 대한민국
**전화번호**: 064)723-7580 **사용연령**: 6세 이상
**주소**: 제주특별자치도 제주시 복지로1길 21
＊KC마크는 이 제품이 공통안전기준에 적합하였음을 의미합니다.
＊주의! 책의 모서리가 날카로워 다칠 수 있으니 던지거나 떨어뜨려 다치지 않도록 주의하세요.

# 애기해녀학교

글·그림 **김정희**

한그루

# "와, 여전사다~"

아이들이 환호성을 질렀어요.
파란 바다를 열며 검정 고무옷을 입은 해녀가 망사리 가득 해산물을 메고 나왔어요.
검정 잠수복에 얼굴 전체를 덮는 물안경.
테왁을 어깨에 둘러메고 성큼성큼 걸어와요.
바다를 드나들 때 이미 신들의 가호를 받은 몸이지요.
바닷속을 자유롭게 넘나드는 늠름한 여전사의 모습이에요.

아이들은 여전사 모습이 사라질 때까지 고개를 빼고 끝까지 보았어요.

"나도 저 선배처럼 여전사가 되고 말 거야."

"야, 선배라고 부르기는 이르지 않니?"

"맞아. 넌 숨 참기 시험도 아직 통과하지 못했잖아."

인아와 보람이가 도아를 째려보며 따졌어요.

"저 선배는 우리 마을에서 알아주는 퀸카 해녀라고."

"알아, 나도 안다고. 그러니까 부러워서 그래. 왜, 너희들은 안 그러냐?"

도아가 상군해녀를 부러워하고 존경하고 있다는 건 친구들이 다 알고 있지요.

"하긴, 애기해녀학교에 수업 왔을 때 얼마나 멋졌게."

"카리스마가 장난이 아냐."

"빨리 가자. 이러다 수업 늦겠어."

애기해녀학교 오총사가 가방을 덜컹거리며 뛰어가네요.

우도에 애기해녀학교가 생겼어요.

아이들은 일주일에 한 번 애기해녀학교로 달려가지요. 애기해녀학교에 들어가는 것도 쉽지는 않아요.

애기해녀학교에 들어가려면 수영 오디션을 통과해야만 하거든요. 바닷속 깊은 곳까지 갈 수 있어야 해요.

애기해녀학교 오총사는 여름 내내 수영 연습하느라 검멀레해변에서 살았어요.

육지에서 이사온 인아, 할머니와 사는 보람이, 엄마가 해녀인 민선이와 리아.

수영도 잘하고 축구도 잘하는 도아도 애기해녀학교에 들어갔어요.


도아는 애기해녀학교에 들어간 날부터 꼭 하는 일이 있어요.

도아는 아침마다 섬 한 바퀴를 돌고 나서야 학교를 가지요. 하라고 하는 사람은 없지만 도아는 혼자서 그렇게 하기로 정했어요.

섬을 살짝 간질여도 보는 시간이지요.

돌에 기대어 핀 수국, 우뭇가사리 널어 말리는 집, 낮은 파란색 지붕, 빈 밭의 새들, 누렇게 익어가는 보리,

해녀삼춘에게 바다 날씨를 물을 수도 있거든요.

도아 엄마는 애기해녀학교 선생님이에요.

애기해녀학교에서는 마을 해녀 삼춘들이 선생님이에요.

엄마가 수업을 하는 날.

"난 처음부터 해녀가 될 생각은 없었단다. 육지 가서 살다가 고향에서 살고 싶어서 내려왔지. 그때부터 해녀인 엄마를 따라서 물질을 했으니까 20년 정도 물질을 했지요. 어느 날 눈앞의 소라를 줍다가 죽는 줄 알았어. 물숨을 생각하지 않고 욕심을 부린 거지. 눈을 떠보니 다행히 물 위였어. '아이고, 살았다' 하는 순간 오줌까지 쌌어. 정말 아찔했던 순간이었어요."

도아 엄마는 그때 일이 생각났는지 주먹을 쥐며 땀까지 흘렸어요.

"처음 전복을 딴 날은 신기해서 전복 주변을 몇 번이나 돌면서 확인하고 땄지."

## "전복 땄다. 나, 전복 땄다."

"그날 상군해녀인 엄마한테 처음으로 칭찬을 들었단다."

그날부터 열심히 해녀훈련을 받아서 동네에서 최연소 상군해녀가 되었다는 얘기에

애기해녀들은 모두 박수를 치며 기뻐했지요.

애기해녀학교 수업에서 가장 어려운 건 숨 참기예요. 해녀가 되는 가장 중요한 관문이지요.

"해녀가 바닷속에서 숨을 참지 못하면 물할망이 데려간단다."

"물질은 목숨을 걸고 하는 작업이야. 물 밖으로 나올 때는 숨을 남겨서 나와야 해.

전복이 보이더라도 그냥 나와야 돼."

애기해녀학교에서 도아 엄마는 엄한 상군해녀선생님이 되어 말해요.

도아가 애기해녀학교에 간 다음부터 할머니는 도아에게 해녀 이야기를 자주 해주었어요.

"나영 물질하던 친구덜은 다 가고 나 혼자 남았지. 난 불턱이라도 지킬 수 이시난 좋다. 몸이 아파도 바다에만 가면 다 나사분다."

도아는 할머니 말을 들으면서 할머니가 많이 힘들었을 텐데도 가족을 위해서 다 참아내고 물질을 했다고 생각하면 눈물이 날 것 같았어요.

"몸이 아파서 물질을 못 하게 되었을 때가 가장 슬펐지."

도아 할머니 방에는 아직도 물질달력이 걸려 있어요. 해산물을 수확하는 시기는 조금씩 달라요.
성게는 3월부터 7월까지, 천초는 4월부터 7월까지, 소라 전복은 10월부터 4월까지 채취가 끝나면 금채기간 시작이지요.
금채기간에는 해산물을 따면 안 된다는 말까지 써 놓았어요.

어느 날 도아 할머니가 애기해녀학교에 왔어요.
오늘은 특별히 단정한 옷을 입으시고 애기해녀들에게 할 말이 있다고 하셨어요.
"너희들이 해녀가 된다고 하니 착하다. 해녀가 되는 일은 쉬운 일이 아니여. 해녀는 해녀정신을 잊어버리면 안 되어."
도아 할머니는 다른 지역으로 바깥물질을 가보았다고 했어요.
"가장 어려웠던 때는 일제강점기 때 일본 잠수기들이 제주바다에서 해산물을 마구 잡는 바람에 바다에 해산물 씨가 말랐을 때지. 그래서 가족과 헤어져 먼 곳으로 물질을 가야만 했지."
할머니는 스무 살에 처음 바깥물질을 갔대요.
할머니는 열 살 때부터 헤엄을 쳤고, 해녀가 된 것은 열다섯 살 때부터래요.

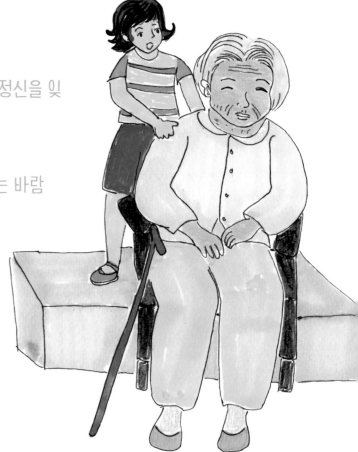

할머니는 일제의 수탈에 항의하여 봉기했던 용기 있는 제주해녀의 이야기를 해주셨어요.

"해녀들이 잡아온 해산물도 마구 가져가 버리고 제대로 값도 쳐주지 않아서 해녀들은 살기가 힘들었주."

애기해녀들이 웅성거렸어요.

"세상에, 어떻게 그럴 수가 있지?"

"왜 우리 것을 허락도 없이 함부로 가져가?"

"더 이상은 참지 말자고, 해녀들을 중심으로 항일 운동이 일어났주."

애기해녀들이 와~ 일어서며 박수를 쳤어요.

할머니는 물소중이를 잘 만드셨어요. 그래서 다른 해녀들의 물소중이를 많이 만들어 주셨대요.
애기해녀들의 물소중이도 만들어 주었어요. 도아는 할머니가 만들어준 물소중이를 평생 간직할 생각이에요.
할머니는 애기해녀들과 사진을 찍었어요. 사진을 찍으면서 할머니가 말했어요.
"잘 찍으라. 내년에 쓸지도 모르난."
도아는 한 번 더 눈물이 핑 돌았어요.

해녀삼춘들이 애기해녀학교에 선생님으로 오시면 아이들에게 해줄 말이 참 많은가 봐요.
가오리에게 물린 이야기, 파도가 센 날 바위에 부딪혀 다친 이야기, 바다에서 돌고래를 만난 이야기도 해주었어요.
"가오리 꼬리 아래 독침이 있는데, 한번은 가오리에게 손등을 쏘연. 숨도 잘 안 쉬어지고 죽을 정도로 아파라."
"파도가 센 날 파도에 휩쓸려 바위에 부딪혀 크게 다치기도 했지."
"바당에서 돌고래와 거북이를 봤는데 무섭지 안해라."

그런 날 도아는 돌고래와 손을 잡고 헤엄을 치는 꿈을 꾸지요.

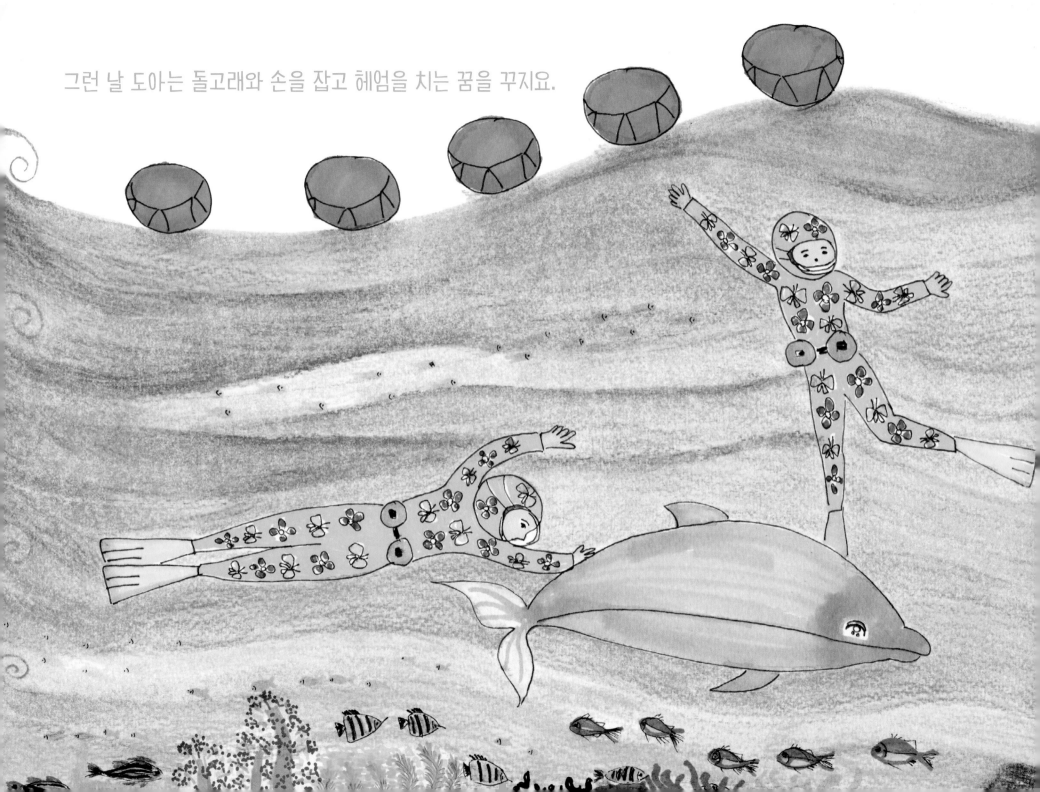

물에 드는 해녀들.
물질하던 해녀들이 한참 만에 올라와 거친 숨을 내쉬어요. 호~오이  호~오이  호~오이
숨비소리는 돌림노래처럼 들려요.

도아는 바위에 앉아서 해녀삼춘들이 바다에서 물질하는 것을 한참 봐요.
숨비소리를 들으면 눈물 날 것 같아요. 눈물 나게 힘든 소리가 들리기 때문이에요.
숨비소리 속에는 '아이고' 소리가 들리기도 하고 바다를 토해내는 소리가 들리는 것 같기도 해요.

우도에 물때가 되면 여전사들이 모두 한자리에 모여요.
손에는 빗창과 갈쿠리를, 머리에는 물안경을, 어깨에는 테왁 망사리를 챙기고 바다에 들 준비를 하지요.
전쟁터로 나가는 것 같아요.
여전사 해녀들이 올레에서 바다로 가는 길을 가득 메웠어요.
바다밭을 수확하는 날은 한 사람도 지각을 하지 않아요.

해녀들은 물때가 잡히면 몸이 힘들어도 바다로 나와야 해요.
해녀가 되면 주어진 직을 해내야 하거든요.
해녀들은 힘들게 바다에 들면서도 규칙을 만들어 엄하게 지켜왔어요.
바다에 들기 전에 바다 잠수 위치를 정해요.
애기해녀들과 나이 많은 해녀들은 얕은 바다인 할망바당에서 물질을 하지요.
상군해녀 중군해녀 하군해녀로 나누어 바다로 들어가 수확을 해요.
바다는 공동 바다밭이어서 수확도 나누지요.

이런 날은 바다 물할망에게 제를 올려요.
섬 전체가 술렁이지요.

27

물질 체험하는 날.
애기해녀들은 해녀 배지를 자랑스럽게 달고 애기해녀 노래 '이여도 사나'를 불러요.
애기해녀들이 지금 한창 배우고 있는 노래지요.

이여도 사나~ 이여도 사나 ♬
우리 할망~ 해녀로 살안 ♬
우리 어멍~ 바당에 드난 ♬
바당이 좋안~ 애기해녀 되언 ♬
한쪽 손에~ 테왁 심고 ♬
한쪽 손에~ 빗창 심엉 ♬
바당 알로~ 들어 가난 ♬
이여도 사나~ 쳐라 쳐라 쳐라쳐 ♬
육지 세상~ 바당에도 신게 ♬
이여 저여~ 욕심내지 말앙 ♬
물할망 준 것만~ 가정 나오라 ♬
해녀 되엉~ 살아나 보자 ♬

상군해녀교장선생님이 말했어요.

"애기해녀학교가 생겼습니다. 바로 여러분이 해녀정신을 이어받을 주인공입니다. 해녀선배들이 여러분에게 해주는 말은 모두 여러분을 살리는 말입니다. 애기해녀 여러분! 선배해녀들과 나란히 바다에서 물질하는 그때를 위해 응원하겠습니다."

도아는 더욱 다짐하듯 입을 앙다물고 눈을 말똥거리며 들었어요.

도아네는 삼대가 해녀인 집이에요.

삼대째 해녀를 키운 집은 마을에서 '해녀의 집' 금빛 문패를 달아주지요.

해녀들은 대대로 해녀가 나오는 것을 가장 자랑스럽게 생각해요.

하지만 해녀가 되라고 해본 적은 한 번도 없지요.

해녀의 길이 힘들다는 것을 잘 알고 있기 때문이에요.

애기해녀학교에 들어간 도아는 할머니를 정말 존경해요.

바다에서 나와서 걸어가는 해녀할머니가 이 세상에서 가장 멋지다고 생각하며 자랐으니까요.

엄마는 애기해녀학교 가는 날마다 항상 말해요.

"바당할망은 물이 흔들리는 것만 봐도 욕심내는지 아닌지 다 알거든."

"전복을 여러 번 캐려고 욕심내면 숨 막아버린다."

"엄마, 나 아직 애기해녀예요."

엄마는 내가 지금 해녀가 된 것처럼 말하지요.

애기해녀들이 체험하는 날은 선배해녀들이 시범을 보여주고 애기해녀들이 바다에 잘 적응할 수 있게 도와주어요.
둘이 한 조가 되어 할망바당으로 가요.
이제 애기해녀학교 아이들은 아주 조금 해녀를 알 것 같기도 해요.

도아는 해마다 해녀축제에서 열리는 숨 참기 대회에 신청서를 냈어요.

이번에는 꼭 우승해볼 작정이지요.

도아는 매일 집에서 세숫대야에 물을 받아놓고 연습을 했어요.

"엄마, 얼른 시간 봐 주세요."

"오늘도 할 거니?"

"도아 엄마야, 봐 주라. 도아가 저렇게 해보젠 하는데."

할머니와 엄마에게 심사까지 맡기면서 도아의 숨 참기 연습은 매일 가족행사가 되었어요.

하지만 숨 참기 대회 날, 도아는 우승하지 못했어요.

같은 반 동윤이가 우승을 했어요. 도아는 이 결과에 어이가 없었지요.

꼭 우승하고 싶은 애기해녀학교 일등인 도아보다 애기해녀학교도 안 가고 수영도 못하는 동윤이가 숨 참기만
잘하거든요.

제대로 숨 참기도 못해서 풀이 죽어 있는데 친구들이 와 주었어요.

"괜찮아, 우린 애기해녀니까 키가 커지는 만큼 숨 참기도 더 오래 할 수 있을 거야. 우리 할머니가 걱정하지
말래."

보람이가 어른스럽게 도아 손을 잡아 주었어요.

엄마가 우뭇가사리를 해오시면 도아네 가족들은 모두 나와 우뭇가사리를 마당에 널어요.

우뭇가사리에 꽃게가 붙어 오면 꽃게를 가지고 언니와 놀아요.

우뭇가사리가 다 마르면 뻣뻣해지고 까칠까칠해서 잘 붙지요.

그러면 언니와 높은 탑을 쌓는 놀이를 해요.

마지막에 마당을 쓰는 일은 도아 몫이지요.

도아는 엄마를 따라가서 엄마가 물질하는 것을 봐요. 그런 날은 도아도 함께 물질하는 것처럼 느껴져요.
엄마가 큰 문어를 잡아온 날은 엄마가 근사하게 보였어요. 하지만 도아는 엄마가 너무 오래 물질하는 건 반대지요.

해녀축제도 끝나고 섬은 조용하네요.
갯메꽃이 바다를 향해 나팔을 불면 해녀들이 차례로 바다로 들어가지요.
마치 바다에서 펼쳐지는 싱크로나이즈 같아요.

파란 바다에 주황색 테왁이 없다면 마치 날치들이 튀어 오르는 것 같을 거예요.
둥 둥 둥
검정 고무옷 입은 해녀들이 불쑥불쑥 올라와요.
한참이나 물질은 계속되지요.
돌을 차곡차곡 쌓아 올려 만든 봉수대가 해녀들을 지켜보고 서 있네요.

봉수대 아래에는 양지꽃, 갯메꽃, 보라색 엉겅퀴, 갯국화, 갯찔레꽃들이 피어 있어요.
나비들이 바다 소식 궁금하다고 팔랑거리며 오르락내리락 돌아다녀요.
해녀 삼춘네 집 마당에는 소금기 먹은 잠수복이 햇살을 받고 누워 있네요.

애기해녀학교 아이들은 애기해녀학교 이야기로 연극을 올렸어요.

# 애기해녀학교 이야기

## 표준어 연극대본

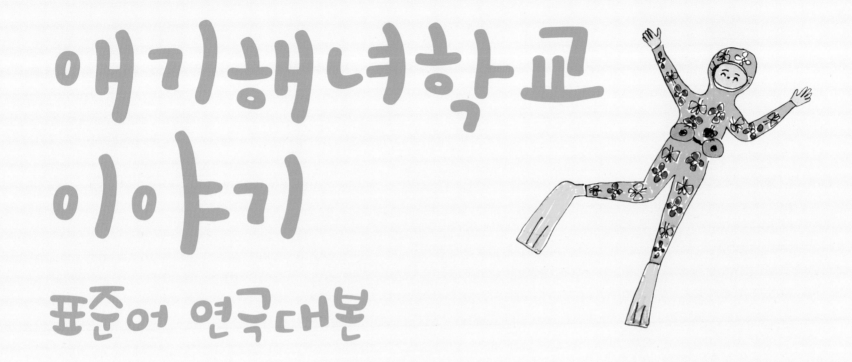

**등장인물**

- 교장 선생님
- 해녀 선생님
- 해녀 할머니
- 도아
- 보람
- 인아

| 도아 | 할머니, 안녕하세요. |
|---|---|
| | (불턱에 앉아 계신 할머니에게 도아가 인사하며 들어온다.) |
| 해녀 할머니 | 누구니? |
| 도아 | 해녀의 집 알죠. 그 집 딸 도아예요. |
| | (해녀 할머니가 찬찬히 도아를 보며 손을 잡는다.) |
| 해녀 할머니 | 가만있어봐라. 그 집 딸이라면 네가 도아니? |
| | 네가 섬에서 태어났다고 이름을 도아라고 지었는데 알고 있었니? |
| 도아 | 예. 전 제 이름이 마음에 들어요. |
| 해녀 할머니 | 그렇구나. 근데 어떻게 왔니? |
| 도아 | 이번에 애기해녀학교에 들어왔는데 오늘 현장 체험하는 날이에요. |
| 해녀 할머니 | 잘했구나. 바다도 아무 생각 없이 들어가는 게 아니니까. 난 요즘 몸이 안 좋아서 불턱만 지키고 있지만 네 할머니는 마을 |
| | 에서 알아주는 상군해녀지. |
| 도아 | 우리 할머니한테 물질 잘하는 삼촌이 있다는 말을 들었는데, 삼촌이세요? |
| 해녀 할머니 | 아이고, 다 옛날 말이지. 그냥 웃자고 한 소리지. 여기 해녀들은 모두 40년 넘게 물질만 한 해녀들이지. |
| 도아 | 알고 있어요. |
| 해녀 할머니 | 바다만 가면 얻어올 게 있다는 말도 있지. |
| 도아 | 바다에 가서 잡아 온 걸로 전복죽도 해서 먹고 문어적, 톳무침도 해서 먹고, 소라도 구워 먹고, 성게국도 해먹었지요. |
| | 우리 엄마는 무척 맛있게 해요. |
| 해녀 할머니 | 바다에서 잡아오자마자 만들면 무엇이든 안 맛있겠니? |
| 도아 | 맞아요. 어릴 때는 엄마 뒤만 쫓아서 다녔지만 이젠 제대로 배워보려고요. |
| | (이때 교장 선생님이 들어온다.) |

| 인아 | 교장 선생님 오신다. |
|---|---|
| | (인아가 큰 소리로 교장 선생님이 오는 걸 알리며 뛰어온다. 아이들이 자기 자리를 찾아 한 줄로 선다. 교장 선생님이 애기해녀들 앞에 선다.) |
| 교장 선생님 | 잘들 있었니? 바다가 반짝이는 거 보았니? |
| | (다 같이 빛나는 바다를 본다.) |
| 도아 | 오늘은 바다에 들기 정말 좋은 날 같아요. |
| 교장 선생님 | 바다가 하는 말을 잘 들어야 한다. 빗창으로 전복을 떼오려면 한번에 확 떼어져야 하는데 그럴 때는 바다가 가져가라고 하는 거고, 아무리 해도 안 될 때는 바다가 안 주는 거니까 욕심 부리지 말고 돌아와야 한다. 바다가 하는 말을 알아듣지 못하고 막 떼어서 오려고 빗창질을 하면 숨 막아 버리지. 물할망에게 가는 거야. 알아들었니? |
| | (교장 선생님은 언제나처럼 애기해녀들에게 해 줄 말이 많은 듯이 오래 이야기한다.) |
| 아이들 | 예, 알겠습니다. |
| 교장 선생님 | 물질하다가 돌고래를 만나면 어떻게 하라고 했니? |
| 아이들 | 물알로~ 물알로~ |
| 교장 선생님 | 그렇지. 잊지 않고 있구나. 물 밑이 흐리고 어두워질 때도 있으니까 서두르지 말고. 바다가 센 날은 물에 휩쓸릴 때도 있으니까 그런 날은 정신 바짝 차려야 한다. |
| 아이들 | 예, 알아들었어요. |
| 도아 | 조금은 알겠지만 공부하면서 배워보려고요. |
| | (도아는 야무지게 대답한다.) |
| 교장 선생님 | 그래야지, 오늘은 바다에 들어갑니다. |
| | (바다에 들어간다는 말에 애기해녀들이 웅성거린다.) |
| 인아 | 저 선생님, 산소통 없이 들어가는 거 맞나요? |

(육지에서 내려와 사는 인아가 엉뚱하게 질문한다. 친구들이 쿡쿡대며 웃는다. 옆에 서 있던 도아가 인아 옆구리를 쿡 찌른다.)

| | |
|---|---|
| **교장 선생님** | 무슨 소리냐. 해녀가 산소통 메고 바다에 가는 거 봤니? |
| **도아** | 해녀는 산소통 없이 들어가는 거잖아. |
| **보람** | 그러니까 해녀가 가장 먼저 하는 일이 숨 참기 시험 통과하는 일이잖아. |

(보람이도 한심하다는 듯이 거든다.)

**교장 선생님**  여러분은 숨 참기 시험 다 통과한 거 맞지요?

(옆에 서 있던 애기해녀 담임선생님이 쑥을 꺼내어 놓는다. 애기해녀들에게도 쑥을 나누어 준다. 쑥으로 눈을 닦는다.)

**인아**  왜 쑥으로 눈을 닦아요?

(궁금한 인아가 또 묻는다.)

**해녀 선생님**  쑥으로 눈을 닦으면 바닷속을 환하게 볼 수 있지.

(땡, 땡, 땡)

**해녀 선생님**  쉬는 시간이네. 10분 쉬고 다시 이 자리에 모여라.

(도아는 쉬는 시간에 불턱의 해녀 할머니에게 간다.)

**해녀 할머니**  해녀는 할 수 있겠니?

**도아**  아직 잘 모르겠어요.

**해녀 할머니**  바다 한번 만져봐라.

(도아가 바닷물을 만져본다. 차갑지만 부드러운 바다가 손가락을 감싸주는 것 같다. 그때 옆에 와 있던 인아가 물을 만져 본다.)

**인아**  아, 차가워. 이렇게 차가워도 바다에 들어가나요? 해녀 일 엄청 힘들 것 같아요.

**해녀 할머니**  단단하게 마음 먹어라.

| | |
|---|---|
| **해녀 선생님** | 물때 늦겠다. 배에 올라라. |
| | (해녀 선생님의 소리에 모두 배에 오른다.) |
| **인아** | 저, 선생님, 오줌 마려우면 어떻게 해요? |
| **해녀 선생님** | 걱정할 거 없다. 그냥 싸면 된다. |
| **인아** | 그럼. 물할망이 싫어할 것 같은데요. |
| | (하하하하, 히히히히.) |
| **인아** | 바닷물이 변하면 어떻게 해요. |
| | (또 한 번 인아 말에 모두 웃는다.) |
| **보람** | 바다에 들어가려니까 정말 겁이 나요. |
| **해녀 선생님** | 해녀들도 겁이 날 때가 있어서 용왕님께 제를 지내는 거니까 절대 걱정할 거 없다. |
| | 잠수해라. |
| | (해녀 선생님의 소리가 바다를 울린다.) |
| **아이들** | 잠수. |
| | (다 같이 외친다. 한 사람씩 각자 '가위자로'를 외치며 차례로 바다로 뛰어든다.) |
| **아이들** | ㄱ세자로~ ㄱ세자로~ |
| | (해녀 선생님은 뱃전에서 애기해녀들을 살핀다.) |
| **아이들** | 호~~~~~이! 호~~~~~이! 호~~~~~이! |
| | (한참 후에 바다에서 도아가 올라온다.) |
| **도아** | 문어 있어요, 문어. 잡고 올게요. |
| | (다시 바다로 들어간다.) |
| | (해녀 선생님은 조용히 웃는다. 잠시 후 보람이가 물 위로 올라오며 손을 흔든다.) |

| | |
|---|---|
| **해녀 선생님** | 무슨 일 있니? |
| **보람** | 선생님~ 도아가 코피 터졌어요. |
| **해녀 선생님** | 뭐라고? 어서, 배에 올라와라. |
| | (애기해녀들이 배에 오른다.) |
| **해녀 선생님** | 괜찮니? |
| **도아** | 괜찮아요. |
| | (애기해녀들의 입술이 파르르 떨린다.) |
| **해녀 선생님** | 처음이니까 그런 거니 걱정 말아라. 코피 나면 나와야지 왜 빨리 안 나왔니? |
| **도아** | 바다에 들어갔는데 그냥 나오면 안 되죠. |
| **해녀 선생님** | 욕심내면 안 된다고 했잖니? |
| | (해녀 선생님은 부드럽지만 엄격하게 꾸짖는다. 애기해녀들 모두 고개를 숙인다.) |
| **해녀 선생님** | 모두 수고했구나. 오늘 내가 잡은 것 중에 제일 큰 전복이야. |
| **도아** | 고맙습니다. 나도 상군해녀 꼭 될 거예요. |
| | (도아의 눈에 살짝 눈물이 어른거린다.) |
| **해녀 선생님** | 그래, 네가 상군이야~. |
| | (해녀 선생님이 도아의 손을 높이 들어준다.) |

# 애기좀녀흑교 이와기

## 제주어 연극대본

**등장인물**

- 좀녀교장선싱님
- 상군좀녀선싱님
- 좀녀할망
- 도아
- 보람
- 인아

| 도아 | 삼춘, 펜안ᄒᆞ여수과. |
| --- | --- |
| | (불턱에 앉아 계신 할머니에게 도아가 인사하며 들어왔습니다. 해녀 할머니 옆에 앉습니다.) |
| 줌녀할망 | 누게고? |
| 도아 | 줌녀네 집 알아지주양. 그 집 뚤이우다. |
| | (해녀 할머니가 찬찬히 도아를 보며 손을 잡았습니다.) |
| 줌녀할망 | 고만이 이서보라. 그 집 뚤이렌 ᄒᆞ민 느가 도아가? 느 섬에서 나난 일름을 도아렌 지어신디 알암시냐. |
| 도아 | 예, 경ᄒᆞ난 난 나 일름이 마음에 들어마씀. |
| 줌녀할망 | 게나제나 어떵ᄒᆞ연 와시냐. |
| 도아 | 이번이 애기줌녀훅교에 들어와신디 오널 현장 체험ᄒᆞ는 날이우다. |
| 줌녀할망 | 잘 ᄒᆞ엿저. 바당도 푼시어시 막 들어가는 거 아니난이? 난 요새 몸이 좋지 안ᄒᆞ영 불턱 지켬주마는 느네 할망은 ᄆᆞ을에서 알아주는 상군줌녀 아니가게. |
| 도아 | 우리 할마니ᄒᆞ티 물질 잘 ᄒᆞ는 삼춘 싯덴 말 들어신디 삼춘이구나양? |
| 줌녀할망 | 아이고, 그냥 웃젠 헌 소리여. 여기 줌녀덜은 ᄆᆞᆫ 40년 너미 물질만 ᄒᆞ여온 줌녀덜 아니가. |
| 도아 | 알암수다. |
| 줌녀할망 | 바당만 가민 얻어올게 이신덴 허는 말도 싯주기. |
| 도아 | 바당 간 잡아온 걸로 전복죽도 ᄒᆞ여먹고 뭉게적이영 톨무침도 ᄒᆞ곡, 구젱기도 구원 먹곡, 구살국도 ᄒᆞ연 먹엇주마씸. 우리 어멍 잘도 맛좋게 ᄒᆞ여마씀게. |
| 줌녀할망 | 바당서 가전 오멍사라 뭘 ᄒᆞ여보라, 맛좋주, 맛 어실 수가 이시냐. |
| 도아 | 에게, 두릴 땐 어멍 조름에만 좇앙 댕겻주마는 이젠 졸바로 배와보젠 ᄒᆞ염수다. |
| | (이때 교장선생님이 들어옵니다.) |
| 인아 | 옵서덜~ 교장선셍님 왐수다. |

(인아가 큰 소리로 교장선생님이 오는 걸 알리며 뛰어옵니다. 아이들이 자기 자리를 찾아 한 줄로 섭니다. 해녀교장선생님이 애기해녀들 앞에 섰습니다.)

좀녀교장선싱님  잘덜 셔시냐? 바당에 개지름 튼거 봐시냐.

(다 같이 빛나는 바다를 봅니다.)

도아  오널 바당 들기 막 좋은 날 닮은게 마씸.

좀녀교장선싱님  바당이 곧는 말을 잘 들어사메. 빗창으로 전복을 떼엉 오젠 허민 흔번에 확 떼어져사 흐는디, 경 헐적인 바당이 가져가렌 흐는 거고, 노시 안되는 날은 바당이 안 주는 거난 욕심부리지 말앙 돌아오라이. 바당이 곧는 말을 알아먹지 못흐영 막 떼엉 오젠 요라번 빗창질 흐당은 숨 막아불주기. 물할망헌티 가는 거라. 알아들엄시냐?

(교장선생님은 언제나처럼 애기해녀들에게 해 줄 말이 많은 듯이 오래 이야기합니다.)

아이들  예~ 예, 알아수다.

좀녀교장선싱님  물질흐당 수웨기 보민 어떵 흐렌 흐여서?

아이들  물알로 물알로.

좀녀교장선싱님  기여기여. 잊어불지 안흐엿구낭게. 물알이 뿌영흐개 왁왁흐여질 때도 싯곡 흐난 와리지 말곡. 바당 센 날은 물에 끄실 때도 싯곡 흐난 경헌 날은 멩심흐여사 흔다이~.

아이들  예, 알아들엄수다.

도아  흔썰은 알아지쿠다마는 공비흐멍 하영 배워사주마씸.

(도아는 야무지게 대답합니다.)

좀녀교장선싱님  기여, 기여, 경흐여사주. 오널은 바당물에 들거여.

(바다에 든다는 말에 모두 웅성거리기 시작합니다.)

인아  저, 선싱님, 산소통 어시 들어가는 거 마씸?

(육지서 내려 와서 사는 인아의 엉뚱한 질문입니다. 친구들이 쿡쿡대며 웃습니다. 옆에 서 있던 도아가 인아 옆구리를

| | |
|---|---|
| 쿰 찌릅니다.) | |
| **줌녀교장선싕님** | 거 무신 소리ᄒ염시? 줌녀가 산소통 메영 바당 가는거 봐나시냐? |
| **도아** | 줌년 산소통 어시 들어가는 거잖아. |
| **보람** | 경ᄒ난 줌녀가 질로 믄져 ᄒ는 일이 숨춤기시험 통과ᄒ는 일이잖아. |
| | (보람이도 한심하다는 듯이 거듭니다.) |
| **줌녀교장선싕님** | 느네 믄 숨춤기시험 통과ᄒ엿주이? |
| | (옆에 서 있던 담임해녀선생님이 가져온 쑥을 꺼내어 놓았습니다. 애기해녀들에게도 쑥을 나누어 줍니다. 쑥으로 눈을 닦습니다.) |
| **인아** | 무사 속으로 눈을 닦암수과? |
| | (궁금한 인아가 또 물었습니다.) |
| **상군줌녀선싕님** | 속으로 눈을 닦으민 바당 소곱이 훤허게 붸려지주게. |
| | (땡땡땡) |
| **상군줌녀선싕님** | 쉬는 시간이여, 10분 쉬고 다시 이 자리에 모이라. |
| | (도아는 쉬는 시간에 해녀할머니에게 갔습니다.) |
| **줌녀할망** | 어떵 줌녀는 ᄒ여지쿠냐? |
| **도아** | 아직 잘 모르쿠다. |
| **줌녀할망** | 바당물 ᄒ번 몬직아보라. |
| | (도아가 바닷물을 만져보았습니다. 차갑지만 부드러운 바다가 손가락을 감싸주는 듯했습니다. 그때 옆에 와 있던 인아가 물을 만져봅니다.) |
| **인아** | 아, 서글라ᄒ다. 영 서글라ᄒ여도 바당에 들어마씀? 줌녀일 잘도 심들거 닮수다. |
| **줌녀할망** | 무지직ᄒ게 무심 먹으라. |

**상군줌녀선싱님**    물때 늦엄저. 배에 올르라.

(상군해녀선생님의 소리에 모두 배에 올랐습니다.)

**인아**    저, 물어볼 말이 시수다. 바당이서 오줌 무려우민 어떵ᄒ코양.

**상군줌녀선싱님**    ᄌ들거 웃저. 아무상 어시 그냥 싸불민 된다.

**인아**    경ᄒ민 물할망이 궂어라 ᄒ흘건디.

(하하하하, 히히히히.)

**인아**    바당물이 변해불민 어떵ᄒ코양.

(인아 말에 모두 웃었습니다.)

**보람**    바당에 들어가젠 ᄒ난 겁시 남수다.

**상군줌녀선싱님**    줌녀덜도 겁시 날 때가 시난 용왕님께 제를 지내는 거주. ᄒ다 ᄌ들지 말라. ᄒ흔긋드로 줌수허라.

(상군해녀선생님의 소리가 바다를 울립니다.)

**아이들**    줌수.

(다 같이 외쳤습니다. 한 사람씩 각자 '구세자로'를 외치며 차례로 바다로 뛰어들었습니다.)

**아이들**    구세자로~ 구세자로~

(상군해녀선생님은 뱃전에서 애기해녀들을 살핍니다.)

**아이들**    호~~~~이! 호~~~~이! 호~~~~이!

(한참 후에 바다에서 도아가 올라왔습니다.)

**도아**    뭉게 이수다, 뭉게. 잡앙 오쿠다.

(다시 바다로 들어갑니다.)

(상군해녀선생님은 조용히 웃습니다. 잠시 후 보람이가 물 위로 올라오며 손을 흔듭니다.)

**상군줌녀선싱님**    무사? 뭔 일이고?

| | |
|---|---|
| 보람 | 선싱님~ 도아가 코피 터저수다~. |
| 상군줌녀선싱님 | 어떵~ 배에 올르라보저. |
| | (애기해녀들이 모두 배에 올랐습니다.) |
| 상군줌녀선싱님 | 어떵 안ᄒ쿠냐? |
| 도아 | 어떵 안ᄒ우다. 즈들지 맙써. |
| | (애기해녀들의 입술이 파르르 떨립니다.) |
| 상군줌녀선싱님 | 초얌이난 경ᄒ염져 즈들지 말라. 바당이서 경흔 일이 시민 확 나오주 무사 안 나와시니? |
| 도아 | 물에 들어신디 경 아무상어시 나왕 안되주마씀. |
| 상군줌녀선싱님 | 욕심내민 안된덴 ᄒ지 안 ᄒ여시냐. |
| | (상군해녀선생님은 부드럽지만 엄격하게 꾸짖었습니다. 애기해녀들은 모두 고개를 숙였습니다.) |
| 상군줌녀선싱님 | 고생ᄒ엿져. 마, 오늘 나가 잡은 거 중에 질 큰 전복이여. |
| 도아 | 고맙수다. 나도 상군해녀 꼭 되쿠다. |
| | (도아의 눈에 살짝 눈물이 어른거렸습니다.) |
| 상군줌녀선싱님 | 기여, 느가 상군이여~~~~~~~~~. |
| | (상군해녀선생님이 도아의 손을 높이 들어주었습니다.) |